U0100289

大展好書　好書大展
品嘗好書　冠群可期

大展好書　好書大展
品嘗好書　冠群可期

彩色圖解
太極武術
6

32式太極劍

+VCD

李德印 演述

竺玉明 VCD

大展出版社有限公司

國家圖書館出版品預行編目資料

32式太極劍 / 李 德印 演述；竺玉明 VCD
－初版－臺北市：大展 ， 2004【民93】
　　面 ； 21 公分 － (彩色圖解太極武術；6)
　　　ISBN 978-957-468-265-2 (平裝附影音光碟)
1.劍術

528.975　　　　　　　　　　　92018075

北京體育大學出版社授權中文繁體字版

32式太極劍＋VCD　　　ISBN 978-957-468-265-2

演 述 者／李 德 印
ＶＣＤ／竺 玉 明
責任編輯／佟　　暉
發 行 人／蔡 森 明
出 版 者／大展出版社有限公司
社　　址／台北市北投區（石牌）致遠一路2段12巷1號
電　　話／(02) 28236031・28236033・28233123
傳　　眞／(02) 28272069
郵政劃撥／01669551
網　　址／www.dah-jaan.com.tw
E - mail ／ dah-jaan@pchome.com.tw
登 記 證／局版臺業字第2171號
承 印 者／凌祥彩色印刷有限公司
裝　　訂／眾友企業公司
排 版 者／順基國際有限公司
初版1刷／2004年（民93年）1月
初版2刷／2008年（民97年）12月

定 價／350元

32式太極劍

32式太極劍是國家體委運動司於1957年創編的，它取材於楊式太極劍，從中選取了有代表性的32個動作，刪繁就簡，易學易記，路線清楚，劍法準確，動作規範。打一套需3分鐘時間，很受廣大愛好者的歡迎。

32式太極劍具有以下特點：

1. 體靜神舒，內外相合

太極劍同太極拳一樣，要求心靜體鬆，神態自然，精神集中，在姿勢形態上要求中正安舒，懸頭豎頸，沉肩墜肘，含胸拔背，鬆腰斂臀。在動作中要求意念引導，以意領氣，以氣運身，以身運劍，動中求靜，氣沉丹田，呼吸自然與動作相配合。

2. 輕靈沉著，剛柔相濟

太極劍具有「邁步如貓行」、「運勁如抽絲」的太極拳特點，動作輕而不浮，沉而不僵，在意念引導下強調勁力的內在表現，含而不露，柔中寓剛，剛中有柔，動作轉接柔順，不用拙力，避免生硬重滯。

3. 連貫圓活，綿綿不斷

太極劍動作連綿柔緩，節奏平穩，運轉圓活，動作之間的銜接過渡，如行雲流水綿綿不斷，不可生硬和停頓。

4. 劍法規整，身劍協調

劍法是構成功力與表現技巧的核心，劍法規格是劍術技法的基本規範。太極劍要求劍法清楚，力點準確，動作規範，表現出各種劍法的攻防含義。同時，還要求具備優美的造型，瀟灑飄逸，蓄發相間，虛實分明，劍勢多變的特色。演練中要求神與意合，意與體合，體與劍合，身法與劍法融成一個協調的整體。

32式太極劍動作名稱

起勢(三環套月)

1. 併步點劍(蜻蜓點水)
2. 獨立反刺(大魁星勢)
3. 仆步橫掃(燕子抄水)
4. 向右平帶(右攔掃)
5. 向左平帶(左攔掃)
6. 獨立掄劈(探海勢)
7. 退步回抽(懷中抱月)
8. 獨立上刺(宿鳥投林)
9. 虛步下截(烏龍擺尾)
10. 左弓步刺(青龍出水)
11. 轉身斜帶(風卷荷葉)
12. 縮身斜帶(獅子搖頭)
13. 提膝捧劍(虎抱頭)
14. 跳步平刺(野馬跳澗)
15. 左虛步撩(小魁星勢)
16. 右弓步撩(海底撈月)

17. 轉身回抽(射雁勢)
18. 併步平刺(白猿獻果)
19. 左弓步攔(迎風撣塵)
20. 右弓步攔(迎風撣塵)
21. 左弓步攔(迎風撣塵)
22. 進步反刺(順水推舟)
23. 反身回劈(流星趕月)
24. 虛步點劍(天馬行空)
25. 獨立平托(挑簾勢)
26. 弓步掛劈(左車輪劍)
27. 虛步掄劈(右車輪劍)
28. 撤步反擊(大鵬展翅)
29. 進步平刺(黃蜂入洞)
30. 丁步回抽(懷中抱月)
31. 旋轉平抹(風掃梅花)
32. 弓步直刺(指南針)

收勢

預備勢

面向正南(這是假設，便於以後說明方向)，兩腳併立，身體正直，兩臂自然垂於身體兩側。左手持劍，劍身豎直，劍尖向上，與身體平行；右手握成劍指，手心向內，眼平視前方（圖1）。

【動作要點】

1. 頭頸正直，下頦微內收，精神要集中。

2. 上體自然，不要故意挺胸收腹。

3. 兩肩鬆沉，兩肘微屈，劍身貼在左前臂後側，不要使劍刃觸及身體。

起勢（三環套月）

左腳向左分開半步，兩腳平行，與肩同寬。右劍指內旋，掌心轉向身後（圖2）。

兩臂慢慢向前平舉，高與肩平，手心向下，眼平視前方（圖3）。

【動作要點】

1. 兩臂慢慢前舉時，肩要自然鬆沉，不要聳肩。

2. 劍身貼住左前臂下側，劍把指向正前方，劍尖不可過於下垂。

【易犯錯誤】

1. 兩臂前舉時肩部緊張而出現聳肩現象。

2. 兩手心斜相對，使劍刃與持劍手臂接觸。

上體略向右轉，重心移於右腿，屈膝下蹲，隨之左腳提起收於右腳內側(左腳尖不點地)；同時右劍指邊翻轉邊由體前下落，經腹前劃弧向右上舉起，手心向上（圖4）；左手持劍經面前屈肘落於右肩前，手心向下，劍橫置於胸前；眼看右劍指（圖5）。

【動作要點】

　　1. 重心穩定在右腿之後，再收屈左腿。

　　2.左手持劍劃弧時，肩部仍要放鬆，身體正直。

【易犯錯誤】

　　左手持劍劃弧時腰部不旋轉，引肩上聳，身體歪斜。

　　身體左轉，左腳向左側前方(正東)邁出，成左弓步；同時左手持劍經體前向左下方攬至左胯旁，劍豎直立於左前臂後，劍尖向上（圖6）；右臂屈肘，劍指經耳旁隨轉體向前指出，指尖自然向上，高與眼平；眼看劍指（圖7）。

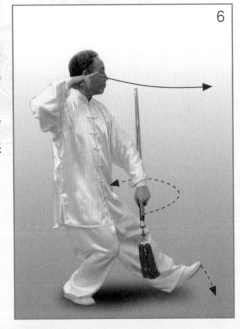

7

【動作要點】

1. 上步成左弓步的過程，要求重心在右腿穩定之後，再邁出左腳，先是腳跟著地，隨即左腿屈膝前弓，身體重心逐漸前移，左腳慢慢踏實，腳尖向前，膝蓋不要超過腳尖；右腿自然蹬直，腳跟後蹬調整成弓步。左腳邁出落在左側前方，保持適當寬度。兩腳橫向距離，是指前腳掌順向延長線與後腳跟之間的距離，兩腳橫向距離約在30公分左右。

2. 弓步時應避免身體重心隨上步立即前移造成「搶步」現象。

3. 轉體、上步、弓腿和兩臂動作要連貫協調，同時完成。

【易犯錯誤】

1. 左腳上步邁出時，重心過早前移，腳掌一下子落地踏實，形成「砸夯」。

2. 兩腳橫向距離過窄，重心不穩，形成兩腳踏在一條直線上如「走鋼絲」。甚至有將左腳邁到中線以南使兩腿如「擰麻花」。

3. 前腳尖外撇，無法保證弓步方向。

4. 後腳跟調整蹬展不夠，膝胯部與身體不合順。

身體右轉，左臂屈肘上提，左手持劍，手心向下，經胸前從右手上穿出；右劍指翻轉，手心向上，並慢慢下落經腰間擺至身體右側，手心向上，兩臂左右平展（圖8）；同時右腿提起向前蓋步橫落，腳尖外撇，兩腿交叉兩膝關節前後相抵，左腳跟提起，重心稍下降成交叉半坐姿勢；眼看右劍指（圖9）。

【動作要點】

1. 兩手在體前交錯時，左手持劍應向體前穿出，不要屈肘橫劍向前推出。

2. 蓋步右腳向前橫落時，動作要輕靈，身體重心移動要平穩。避免隨著蓋步身體重心立即前移「搶步」，造成落腳沉重，虛實不清。

3. 右手邊撤邊落，經腹前劃弧，不可直著向後抽，並注意與身體右轉動作協調一致。

4. 左手持劍穿出後，左前臂要稍內旋，使劍貼於臂後。

5. 由蓋步過渡到半坐盤步時，身體重心逐漸前移至兩腿之間，成半坐姿勢。

【易犯錯誤】

右腳上步過大，兩腿不相抵，半坐步做成叉步。

左手持劍稍內旋，手心斜向下，劍尖略下垂，左腳上步成左弓步，腳尖向前，同時身體左轉，右手劍指經頭側上方向前落於劍把上，準備接劍；眼平視前方（圖10、圖11）。

【動作要點】

1. 提腿上步應輕起輕落。

2. 接劍時兩肩放鬆，兩肘微屈，上體保持自然。

3. 弓步兩腳橫向距離保持在30公分左右。

【易犯錯誤】

接劍時聳肩、抬肘。

（一）併步點劍

（蜻蜓點水）

　　右手食指向中指一側靠攏，右手鬆開劍指，虎口對著護手，握住劍把，將劍接換過來，然後腕關節繞環，使劍在身體左側劃一立圓，向前點出，力達劍尖，臂先沉肘屈收，再提腕向前伸直，腕與胸高。左手握成劍指，附於右腕部，同時右腳向左腳靠攏成併步，身體半蹲；眼看劍尖（圖12、圖13）。

【動作要點】

　　1. 劍身立圓向前環繞時，以腕關節為軸，兩臂不可上舉。

　　2. 點劍是使劍尖由上向下點啄，腕部屈提，力注劍尖。點劍時，要以拇指、無名指和小指著力，其餘兩指鬆握。持劍要鬆活。點劍時劍身斜向下，右臂自然直。

　　3. 併步時兩腳靠攏，兩腳掌全部著地，身體重心主要落在左腳上。

【易犯錯誤】

　　1. 點劍力點未達劍尖，腕部屈提不夠，手臂與劍成直線。

　　2. 併步未分虛實，重心平均落在兩條腿上。

　　3. 上體過於前傾。

　　4. 右腳跟提起，做成丁步。

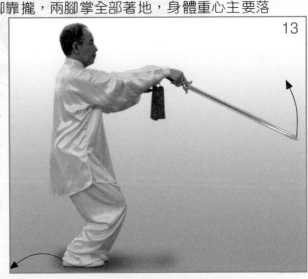

14

（二）

獨立反刺

（大魁星勢）

右腳向右後方撤步，同時身體重心後移。右手持劍抽至右腹側，劍斜置體前，劍尖略高；左手劍指附於右手腕部隨劍後撤；眼看劍尖（圖14、圖15）。

15

【動作要點】

1. 右腳後撤時，腳前掌先著地，隨即右腿屈膝，右腳慢慢踏實，重心後移。右腳後撤的落點，要偏右後方，腳尖外撇約60度為宜。

2. 右手持劍抽撤時，落臂沉腕，劍尖自然地抬起。

【易犯錯誤】

1. 右腳向後直撤，或腳尖外撇角度過大。

2. 落臂抽劍重心後移過快。

身體向右後轉，隨之左腳收至右腳內側，腳尖點地（圖16）。同時右手持劍繼續反手抽撩至右後方，然後右臂外旋，右腕下沉，劍尖上挑，劍身斜立於身體右側；左手劍指隨劍收於右前臂內側；眼看劍尖（圖17）。

【動作要點】

1. 右腳仍在原地踏實，不可任意扭轉挪動。

2. 右腕翻轉下沉，劍尖上挑要連貫自然，上體正直。

3. 劍上挑時，要屈腕活握劍把，即主要用拇指和食指握劍把，其餘三指鬆握。

【易犯錯誤】

1. 右劍反手抽撩時聳肩揚肘，上體左傾。

2. 挑劍時生硬緊張。

上體左轉，左膝提起成獨立步。同時右手持劍由後漸漸上舉，使劍經頭右側上方向前反手劍刺出，右手拇指向下，手心向外，力注劍尖；左手劍指經頦下隨轉體向前指出，高與眼；眼看劍指（圖18）。

【動作要點】

1. 右腿自然直立，左膝盡量上提，左腳尖下垂，腳面展開，小腿和腳掌微向裏扣護襠。上體保持正直，頂頭豎項，下頦內收。

2. 左膝要正向前方，與左肘上下相對，不要偏向右側。

3. 刺劍應通過臂屈伸或揮擺，用劍尖刺穿對方。

【易犯錯誤】

1. 右腳尖外撇過大，左腿過於內扣。

2. 刺劍力點不在劍尖，做成架劍。

（三）
仆步橫掃
（燕子抄水）

上體向右後轉，劍隨轉體向右後方劈下，右臂與劍平直，左劍指落於右腕部；在轉體的同時，右腿屈弓，左腿向左後方(東北)撤步，膝部伸直；眼看劍尖（圖19）。

【動作要點】

1. 左腿向左後撤步時，右腳方向不變。
2. 劍劈向西南方，同左腿撤步方向相反。

身體左轉，左劍指經體前順左肋間後反插，並向左上方劃弧舉起，手心斜向上；右手持劍，手心向上，使劍自右後方向下、向左前方劃弧平掃（圖20）。右膝彎曲下蹲，成仆步，隨著重心逐漸左移，左腳尖外撇，左腿屈弓，右腳尖內扣，右腿自然伸直，成左弓步，劍高與胸平；眼看劍尖（圖21）。

【動作要點】

1. 隨轉體重心左移，左腳尖盡力外撇，向東偏北約30度左右，隨即右腳尖裏扣，成左弓步，轉換過程中步型為仆步或半蹲仆步，身體應保持正直。

2. 掃劍是平劍向左或向右掃，力在劍刃，本勢持劍要平穩，向下再向左前方平掃，有一個由高到低(與膝或與踝同高)再到高的弧線，不要做成在同一高度的攔腰平掃。

3. 在向左轉體的帶動下，左手劍指要順左肋向後下方伸出，同時左前臂內旋，手心轉向後，繼而劍指再向左上方劃弧舉起。

4. 定勢時，左臂上舉要撐的圓滿，不要過於收屈，或過於伸直。右手劍停於胸前，方向正東。

(四) 向右平帶
（右攔掃）

右腳提起收至左腳內側腳尖不點地；同時右手持劍稍向內收引，左劍指落於右腕部；眼看劍尖（圖22）。

【動作要點】

右手持劍屈臂後收時，劍尖略高，控制在體前中線附近，不要使劍尖左擺。

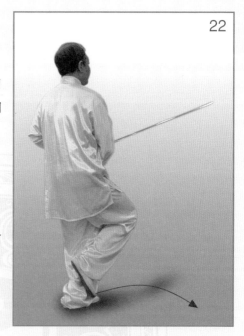

右腳向右前方邁出一步，腳跟著地；同時右手的劍略向前引伸，左劍指仍附於右腕部；眼看劍尖（圖23）。

【動作要點】

上步的方向與中線約成30度左右。

重心前移，右腳踏
實，成右弓步。右手持
劍，手心翻轉向下、向
右後方斜帶，劍指仍附
於右腕部；眼看劍尖
（圖24）。

【動作要點】

1. 平帶時，劍應邊
翻轉邊向後斜帶；劍把
左右擺動的幅度要大，而劍尖應始終控制在體前中線附近，
不要過大地擺動。

2. 劍的回帶和弓步要一致，同時上體微向右轉，這樣的
帶劍動作才能協調完整。

3. 帶劍應平劍由前向斜後抽拉，力點在劍刃。

【易犯錯誤】

劍橫向擺動過大，做成掃
劍。

（五）向左平帶
（左攔掃)

右手持劍屈臂後收；同時
左腳提起收至右腳內側（腳尖
不點地）；眼看劍尖（圖25）。

左腳向左前方
上步，腳跟著地；
右手持劍向前伸
展，左劍指翻轉收
至腰間；眼看劍尖
（圖26）。

右手翻掌將劍
向左後方弧線抽
拉平帶，右手帶
至左肋前方，力
在劍刃；左手劍
指向左上方劃弧
舉至頭左上方，
手心斜向上；左
腿前弓，重心前
移，成左弓步；
眼看劍尖（圖27）
。

28

（六）獨立掄劈
（探海勢）

　　右腳收至左腳內側，腳尖
點地；身體左轉，右手持劍由
前向下、向後劃弧，立劍斜置
於身體左下方；左劍指下落，
兩手交叉於腹前；眼看左後方
（圖28、圖28附圖）。

【動作要點】

　　1. 右手持劍後掄時，兩
手交叉相抱，右手心斜向
上，左手心斜向下。
　　2. 向左轉體時上體要保
持端正，頭轉向西北，眼看
劍尖。

28附圖

右腳向前上步，腳跟落地，右手持劍內旋上舉於頭上方；左手劍指翻轉，手心向上，收於腰間（圖29）。

【動作要點】
　　掄劍與舉劍應連貫劃一立圓，並與轉腰、旋臂相配合。

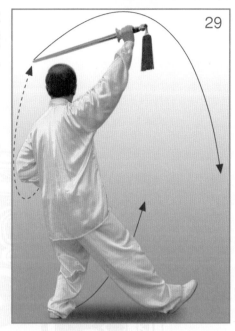

　　重心前移，右腳踏實，左腿屈膝上提，成右獨立步；同時上體右轉，稍向前傾；右手持劍隨身體右轉，向前下方劈出，力在劍刃，右臂與劍成一條斜線；左手劍指向後、向上劃弧至左上方，掌心斜向上；眼看下方（圖30、圖30附圖）。

30附圖

【動作要點】

　　1. 右腳上步成獨立步時，腳尖微向裏扣，以便保持姿勢的穩定。

　　2. 右手持劍由前向下、向後再向上沿身體左側掄繞成一個立圓，順勢向前下方劈出，劍尖略高於膝，上體配合劍的下劈微微前傾。左臂向後上方圓滿地撐開。

　　3. 左劍指的動作要與持劍的右手相互配合，當右手持劍旋臂翻腕上舉時，左劍指離開右手腕部向下、向後劃弧；當右手持劍由上向前下方劈出時，左手劍指由後下向前上劃弧轉至頭側上方。左右兩手一上一下、一前一後對稱地交叉劃立圓。整個動作要不停頓地、連貫地一氣呵成。

　　4. 劈劍應揮臂自上而下，立劍不劈，力在劍刃。

【易犯錯誤】

　　1. 劈劍時臂不伸直，做成提腕的點劍。

　　2. 掄劍動作與轉腰、上步不協調。

（七）

　退步回抽

（懷中抱月）

　左腳向後落
下，右手持劍外旋
上提（圖31）。

　重心後移，右腳隨之撤回
半步，前腳掌著地，成右虛步
；同時，右手持劍抽回，劍把
收於左肋旁，手心向內，劍尖
斜向上；左劍指落於劍把上；
眼看劍尖（圖32、圖32附圖）。

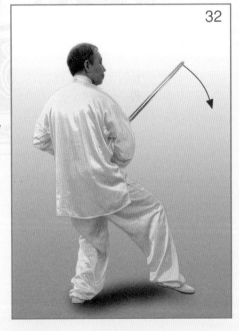

32附圖

【動作要點】

1. 抽劍是立劍由前向後劃弧抽回，力點沿劍刃滑動。做本勢上抽劍時，右手手心先翻轉向上將劍略向上提，隨後由體前向後走弧形收至左肋旁，避免將劍直著抽回。

2. 左腳後落的步幅不要過小，重心前後移動要充分，兩腿虛實要分明。

3. 定勢時，虛步抱劍，兩臂撐圓，上體左轉，劍尖斜向右上方，同時頭向右扭轉，兩肩要鬆沉，劍把與身體相距約10公分。

【易犯錯誤】

1. 兩腿虛實不清。

2. 抽劍時，右手持劍沒有外旋上提動作，而是劍直著抽回。

（八）獨立上刺

（宿鳥投林)

身體微向右轉，面向前方，右腳稍向前活步，腳跟著地；同時，右手轉至腹前，手心向上，劍尖向斜上方；左劍指附於右腕部；眼看劍尖（圖33）。

【動作要點】

身體轉正，活步的步幅要適度，不要超過一腳長。

重心前移，左腿屈膝提起，成右獨立步。同時，右手持劍向前上方刺出（手心向上），力貫劍尖，高與頭平；左手劍指仍附於右腕部；眼看劍尖（圖34）。

【動作要點】

1. 上刺劍時，手與肩同高，兩臂微屈；劍尖斜向上，與頭同高。

2. 乘上刺之勢，上體可微向前傾，但不可聳肩駝背。

【易犯錯誤】

獨立步時屈腿團身，動作不舒展。

35

（九）

虛步下截

（烏龍擺尾)

左腳向左後方落步，腳前掌著地；兩手姿勢不變，眼看前方（圖35）。

重心左移，身體左轉；同時右手持劍向左平擺；劍指翻轉下落於左腰間；眼看劍把（圖36）。

36

【動作要點】

1. 左腳落向左後方，不要直著後落步。

2. 向左轉體時，右腳跟蹬轉，右手持劍隨轉體平擺於體前，與頭同高，手心斜向上，劍尖指向右側。

【易犯錯誤】

1. 落腳過重，虛實不分。

2. 轉體擺劍不能以身領劍，身械不協調。

上體右轉，右腳微向內收，腳尖點地，成右虛步；同時，右手持劍隨轉體旋臂翻腕(手心向下)經體前向右、向下截按，劍尖略下垂，高與膝平；左劍指向左、向上繞舉於左上方(掌心斜向上)；眼平視右前方（圖37）。

37

【動作要點】

1.截劍是用劍刃中段或前端截斷對方，力在劍刃，多用於橫斷攔截，側攻旁擊。做本勢下截劍時，主要用轉體揮臂來帶動劍向右下方截出。身、劍、手、腳要協調一致。定勢時，右臂略屈，劍身置於身體右側。

2. 右虛步的方向是向東偏北約30度，轉頭目視的方向是向東偏南約45度。虛步時，兩腳橫向距離不超過10公分。

【易犯錯誤】

1. 虛步下截動作不能充分利用腰的轉動帶動揮臂截劍。

2. 右虛步兩腳左右成交錯狀，造成上體歪扭。

（十）左弓步刺
（青龍出水）

右手持劍向體前提起，高與胸平，劍尖指向左前方(向東偏北)約30度；左劍指落於右腕部；同時右腳向後退一步；眼看劍尖（圖38）。

【動作要點】

右手持劍上提，不要做成刺劍。

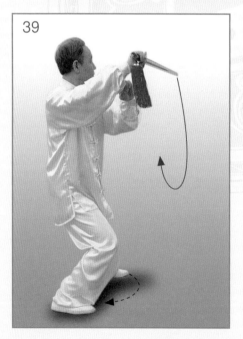

重心右移，身體右轉；同時，右手持劍隨轉體經面前向後抽，手心翻轉向外；左手劍指仍附於右腕部，隨劍一起回撤；眼看劍把（圖39）。

【動作要點】

1. 右手持劍回撤時，前臂內旋，手心轉向外，同時應控制劍尖不要外擺。

2. 左腳腳跟向外蹬轉，體重大部分落在右腿上，上體保持正直。

身體左轉，左腳收至右腳內側腳尖不點地；同時，右手持劍隨轉體向下卷收於右腰側；左劍指亦隨之翻轉收至腹前，兩掌心均向上；眼轉看左前方（圖40）。

【動作要點】

劍尖始終朝前，不可向後劃弧。

左腳向左前方邁出，腳跟著地，隨之重心前移成左弓步，同時上體左轉，右手持劍從右腰間向左前方刺出，手心向上，力注劍尖（圖41）；左劍指向左、向上繞至左上方，手心斜向上，臂要撐圓；眼看劍尖（圖42）。

【動作要點】

　　1. 弓步方向為左前方(正東偏北)約30度；弓步時，不要搶步，兩腳橫向距離約30公分，上體正直，鬆腰鬆胯。

　　2. 刺劍時，劍與臂成一直線，劍尖與胸同高。

　　3. 右手持劍回撤、下卷、前刺動作的全過程要在轉腰的帶動下完成。動作要圓活、連貫、自然。

【易犯錯誤】

　　1. 收劍、卷劍時，劍尖外擺，指向正東或正東偏南。

　　2.「弓步平刺」時，弓步(左腳)方向與刺劍方向不統一。

（十一）轉身斜帶
（風卷荷葉）

重心後移，左腳尖內扣，上體右轉；同時右手持劍屈臂後收，橫置胸前，手心向上，左劍指落在右腕部；眼看劍尖（圖43）。

【動作要點】

左腳尖要盡量裏扣；兩肩要鬆沉，兩手收於右胸前。

重心移至左腿上；右腳提起，貼在左小腿內側；劍稍向前方伸送，眼看劍尖（圖44）。

【動作要點】

提收右腳時，不要做成獨立步。

向右後轉身，右腳向右
前方邁出，腳跟著地；右手
劍向左前方伸送；眼看劍尖
（圖45）。

【動作要點】

上步落腳方向西偏北；送
劍方向為西南。

上體右轉，重心前移成右
弓步；同時右手持劍隨轉體翻
腕，手心向下、向右平帶(劍
尖略高)，力側劍刃；左劍指
仍附於右腕部，眼看劍尖（圖46）。

【動作要點】

1. 弓步方向轉為正西偏北約30度，由「左弓步刺」轉至
本勢的「右弓步」，身體轉動達240度。

2. 斜帶是指劍
勢的走向。動作要
領同「平帶劍」。

【易犯錯誤】

1. 左腳扣腳不
夠，由於動作不到
位，右腳上步不能
做得順遂輕穩。

2. 帶劍做成向
前推劍，或向右掃
劍。

（十二）縮身斜帶
（獅子搖頭）

左腳提起收至右腳內側(腳尖不點地)；同時右手持劍微收，左劍指仍附於右腕部；眼看前方（圖47）。

【動作要點】

收劍時上體正直，稍向右轉。

左腳撤步仍落於原位；右手持劍向右前伸送；左劍指屈腕經左肋反插，向身後穿出；眼看劍尖（圖48）。

【動作要點】

上體向前探，送劍方向與弓步方向相同。

重心移向左腿，右腳隨之收到左腳內側，腳尖點地成丁步；同時右手翻掌手心向上，並將劍向左後方平帶(劍尖略高)，力在劍刃；左劍指向上、向前繞行劃弧落於右腕部；眼看劍尖（圖49）。

【動作要點】

收腳帶劍時，身體向左轉，重心落於左腿；要保持上體正直，鬆腰鬆胯，臀部不外凸。

【易犯錯誤】

丁步做成右虛步。

（十三）提膝捧劍 （虎抱頭）

右腳向右後退步，重心後移，左腳微後撤，腳尖著地成虛步；同時兩手向前伸送，再向兩側分開，手心都向下，劍斜置於身體右側，劍尖收於體前；眼看前方（圖50、圖51）。

【動作要點】

1. 兩手向左右分開後，劍尖仍位於體前中線附近，劍尖略高。

2. 右腳後退一步要略偏向右側，上體斜向左前。調整成虛步時，上體又轉向前方。身體轉動幅度雖然不大，但這樣做出來，才能使動作做得協調圓活。

左腳略向前活步，重心前移；兩手向外分展，眼看前方（圖52）。

【動作要點】

活步也要輕起輕落，點起點落。

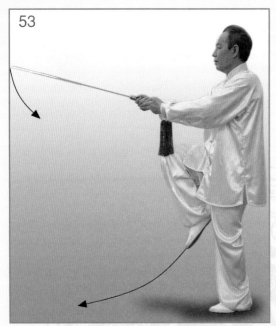

右膝向前提起成獨立步；同時右手持劍翻轉向體前劃弧擺送，左劍指變掌捧托在右手背下面，兩臂微屈；劍在胸前，劍身直向前方，劍尖略高；眼看前方（圖53）。

【動作要點】

1. 兩手路線要走弧形，即先微向外，再往裏在胸前相合捧劍。捧劍時，兩臂微屈，劍把與胸同高。

2. 捧劍時在劍指變掌，也可保持成劍指不變。

【易犯錯誤】

1. 虛步分手時，劍尖外擺，不停在體前中線附近。

2. 捧劍時兩手向下劃弧相合，再向上托起。

（十四）

跳步平刺

（野馬跳澗）

右腳前落，腳跟著
地，兩手捧劍微向下、
向後收至腹前；眼看前
方（圖54）。

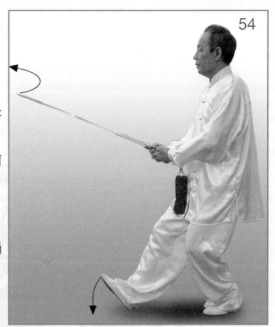

【動作要點】

右腳落地不可過
遠，上體不可前俯。

重心移至右
腿，蹬腿送髖，左
腳離地；同時兩手
捧劍向前伸刺；眼
看前方（圖55）。

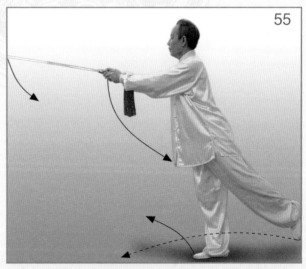

【動作要點】

刺劍時高與胸
平，劍尖略高。

　　右腳蹬地，左腳隨即前
跨一步，右腳在左腳將落地
時，迅速向左小腿內側收
攏；同時兩手分至身體兩
側，手心都向下，左手變劍
指；眼看前方。

【動作要點】
　　1. 向前跳步宜遠不宜
高，動作應輕靈、柔和。
　　2. 左腳落地時腳尖微外
撇；膝關節彎曲緩衝，重心
穩定在左腿上。

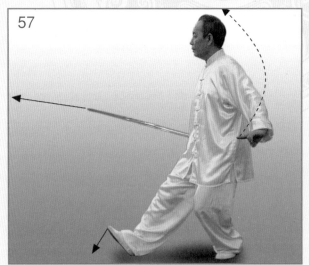

　　右腳向前上
步，重心前移成右
弓步，同時，右手
持劍向前平刺(手
心向上)；左劍指
繞舉至額頭左上
方，手心斜向上；
眼看劍尖（圖57、
圖58）。

【動作要點】

　　弓步為順弓步。鬆腰順肩，上體正直。

【易犯錯誤】

　　1. 跳步過高，動作重滯、生硬。跳完後，左腿不彎曲緩衝，重心不穩。

　　2. 弓步平刺右肩前順過大。扭腰、歪胯。

（十五）左虛步撩
（小魁星勢）

　　重心後移，上體左轉，右腳收至左腳前，腳尖點地；同時，右手持劍隨轉體向上、向後劃弧，劍把落至左腰間，劍尖斜向上，左劍指落於右腕部；眼看左劍（圖59）。

【動作要點】

　　劍向後繞時，轉體要充分，眼神要隨著向左轉視。繞劍應靠近身體；同時右前臂內旋，手心轉向裏。

上體微右轉，右腳向前上步，腳尖外撇；同時右手持劍向下繞至腹前，劍身斜置於身體左側；左劍指仍附於右腕部，隨右腕繞轉；眼平視左側（圖60）。

【動作要點】

劍貼近身體，劍尖向後，不可觸地。

上體繼續右轉，重心前移至右腿，左腳隨即前進一步，腳尖著地，成左虛步；同時右手持劍立即向前撩出，手心向外，停於右額前，劍尖略低；左劍指仍附於右腕部；眼看劍尖（圖61）。

【動作要點】

左撩劍時，先使劍沿著身體左側繞立圓，再向前上方撩出。劍一要貼身，二要劃立圓。同時右前臂內旋，右手心轉向外，虎口朝下，活握劍把，力達於劍刃前端。

（十六）右弓步撩
（海底撈月）

身體右轉，左腳向前活步，腳尖外撇；同時右手持劍向後劃圓回繞，劍身豎立在身體右側，手心向外，左劍指隨劍繞行收於右腹前；眼看劍尖（圖62）。

【動作要點】

劍向後劃圓回繞時，眼神要轉視東北方，轉體要充分。

身體微左轉，右腳向前上步，腳跟著地；同時右手持劍下繞，劍把落至右胯旁，手心向外，劍尖朝後；左劍指落經左腹前，向左劃弧上舉；眼平視右側（圖63）。

【動作要點】

持劍手要活握劍把，劍尖不可觸地。

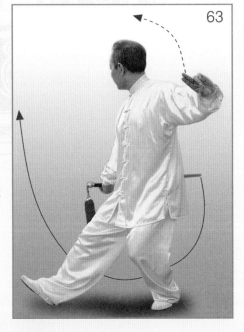

　　身體繼續左轉，重心前移成右弓步；同時右手持劍劍由下向前反手立劍撩出，手心向外，高與肩平；左劍指繼續向上繞至額左上方，手心斜向上；眼看前方（圖64）。

【動作要點】

　　1. 右劍前撩時，右肩趁勢前順。

　　2. 本勢的弓步為順弓步，兩腳的橫向距離約10公分。

【易犯錯誤】

　　右腳尖內扣，向左轉體扭胯，做成側弓步(橫襠步)。

（十七）轉身回抽
（射雁勢）

身體左轉，左腿屈膝，重心左移，右腳尖內扣；同時右臂屈肘將劍抽到體前，與肩同高，劍身平直，劍尖向右，左劍指落於右腕上；眼看劍尖（圖65）。

【動作要點】

1. 身體左轉，身體重心移向左腳，右腳盡量內扣，使腳尖朝向南方，以保證定勢時的虛步和身體方向。

2. 抽劍時主要用拇指、食指和虎口著力握劍，其餘三指鬆握，劍身才能平直。

身體繼續左轉，左腳尖外撇，右腿自然蹬直成弓步；同時，右手持劍向左前方劈送；眼看劍尖（圖66）。

【動作要點】

1. 上述兩動向左轉體，先扣右腳，再撇左腳；右手劍先回抽再向前劈送。動作要連貫、協調。

2. 弓步的方向和劈劍的方向一致，皆為中線偏南（東偏南）約30度。

身體重心移向右腿，右膝彎曲；同時右手持劍抽至右胯側，左劍指附於右腕部隨右手後收；眼看右下方（圖67）。

【動作要點】

後坐抽劍時上體要右轉，劍向下，向後劃弧回抽。

上體稍向左轉，左腳收撤半步，成左虛步；同時右手抽至右胯後，劍斜置於身體右側，劍尖略低；左劍指經胸與下頦前向前指出，高與眼齊；眼看劍指（圖68）。

【動作要點】

1.劍指向前指出，左腳點地成虛步，上體向左回轉，三者要協調一致。

2.虛步的方向和劍指所指的方向為中線偏右(東偏南)約30度。

3.做本勢下抽劍時要立劍向下、向後走弧線抽回，下劍刃著力。定勢時，劍身置於右側，劍把抽至胯後，右臂微屈。

【易犯錯誤】

1.「後坐抽劍」不是向下、向後走弧線抽回，而是直線回抽。

2.右手抽劍不到位，停於體前。

（十八）併步平刺
（白猿獻果)

左腳略向左活步，身體左轉；同時左劍指內旋向左劃弧；眼看前方（圖69）。

【動作要點】

左腳移步時，腳尖轉向正前方。

右腳向左腳併步，同時右手持劍外旋翻轉，經腰間向前平刺；左劍指收經腰間翻轉變掌捧托在右手下，兩手心皆向上，眼看前方（圖70）。

【動作要點】

1. 刺劍時左手也可保持劍指姿勢，隨右手同時伸出。

2. 刺劍和併步要協調一致。

【易犯錯誤】

刺劍時，右臂劃弧前擺，做成掃劍。

（十九）左弓步攔
（迎風撣塵)

右腳尖外撇，左腳跟外
展，身體右轉，兩腿屈蹲；
右手持劍，手心轉朝外，隨
轉體由前向上、向右繞轉，
左手變劍指附於右腕部，隨
右手繞轉；眼看右側（圖71）
。

【動作要點】

轉體後，重心落於右腿，
左腳跟提起。

左腳向左前上方上步，腳
跟著地；右手持劍繼續向後繞
轉，左劍指翻轉收
於腹前；眼看右後
方（圖72）。

【動作要點】

1. 轉體要充
分，身體和眼神轉
至西南方。

2. 右手持劍
向後繞轉時小臂內
旋，手心翻轉向
外，劍身斜立。

3. 繞劍時以
劍把領先，轉腰揮
臂，劍貼近身體走
成立圓。

身體左轉，重心前移，成左弓步；同時右手持劍由右後方向下、向前上方攔架，力在劍刃，劍把與頭平，劍尖略低，右臂外旋，手心斜向右；同時左劍指向左上繞舉於額左上方；眼看劍尖（圖73）。

【動作要點】

1. 攔劍是反手用劍下刃由下向前上方攔架，力在劍刃。做本勢的攔劍時，劍要在體右側隨身體右旋左轉，貼身繞一完整的立圓。

2. 劍攔出後，右手位於左額前方；劍尖斜向右下，高與胸平；劍身斜置於體前，形成屏障。

3. 弓步方向為東偏北約30度。

【易犯錯誤】

1. 做弓步時，左腳邁出後身體重心過早前送，形成「搶步」現象。

2. 上體不正，歪身，扭胯。

3. 繞劍離身體遠，未貼身。

4. 繞劍時，持劍太直，劍尖觸地。

（二十）

右弓步攔

（迎風撣塵)

身體重心略向
後移，左腳尖外
撇，身體微左轉；
同時右手持劍上
舉，開始向左後方
回繞；眼看右手
（圖74）。

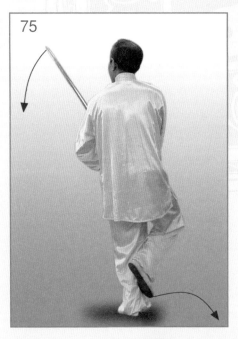

身體繼續左轉，右腳收至
左腳內側(腳尖不點地）；同
時右手持劍在身體左側向上、
向後、向下劃立圓繞至左肋
前，劍身貼近身體；左劍指落
於右腕部；眼隨劍向左後看
（圖75）。

身體向右轉，右腳向右前方邁出一步，重心前移成右弓步；同時右手持劍經下劃弧向前上方攔出，手心向外，高與頭平，劍尖略低，劍身斜向下；左劍指附於右腕部；眼看前方（圖76、圖77）。

【動作要點】
　　參考（十九）
左弓步攔

（二十一）左弓步攔
（迎風撣塵)

　　重心略後移，右腳尖外撇，身體微右轉；同時右手持劍上舉，開始向右後方回繞；左劍指仍附於右腕部；眼看前方（圖78）。

　　身體繼續右轉，左腳收至右腳內側(腳尖不點地)；同時右手持劍在身體右側向上、向後劃立圓繞至右後方；左劍指繞至右腹前；眼隨劍走，轉看右後方（圖79）。

身體左轉，左
腳向左前方邁出一
步，腳跟著地；右
手持劍下繞，左劍
指向左劃弧；眼看
右側（圖80）。

上體左轉，重心前移成左弓步；同時右手持劍揮臂劃弧向
前上方攔出，手心斜向右，高與頭平，劍尖略低，劍身斜向
下；左劍指經腰間向左、向上劃弧，停於額左上方，手心斜
向上；眼看前方
（圖81）。

【動作要點】
　　參考（十九）
左弓步攔

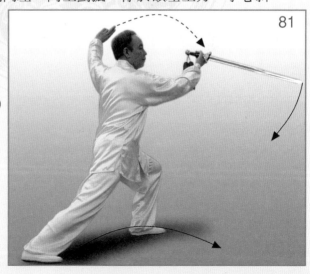

（二十二）進步反刺
（順水推舟）

右腳向前上步，腳尖外撇，上體微右轉；同時右手向下屈腕收劍，劍把落在胸前，劍尖轉向下，左劍指落於右腕部；眼看劍尖（圖82）。

【動作要點】

1. 上步後，身體重心仍然主要在左腿上。

2. 右手持劍向胸前收落時，屈腕落肘，手心斜向外，拳眼斜向下，活握劍把，劍身貼近身體右側。

身體繼續右轉，兩腿交叉屈膝半蹲，左腳跟離地，成半坐姿勢；右手持劍向後（正西）立劍平刺，手心向南（起勢方向）；左劍指向前指出，手心向下，兩臂伸平；眼看劍尖（圖83）。

【動作要點】

1. 半盤坐時，要轉體屈膝，重心落於兩腿之間，右腳橫落，全腳著地，左膝抵近右膝窩，上體保持正直。

2. 向後刺劍時，劍身應貼近身體，經右腰間向後直刺，劍與右臂成一直線。

劍尖上挑，上體左
轉，左腳前進一步成左
弓步；同時右臂屈收，
經頭側向前反手立劍刺
出，手心向外，與頭同
高，劍尖略低；左劍指
收於右腕部；眼看劍尖
（圖84、圖85、圖86）。

【動作要點】

　　1. 反刺劍時，右臂、肘、腕皆先屈後伸，使劍由後向前刺出，力達劍尖。右手位於頭前稍偏右，劍尖位於中線，與面部同高。右臂與劍成一折線。

　　2. 弓步朝正東，兩腳橫向距離30公分，鬆腰鬆胯，上體正直；不可做成側弓步。

【易犯錯誤】

　　1. 左腳上步時，隨落步重心過早前移。

　　2. 弓步做成側弓步，上體側傾及扭胯。

（二十三）反身回劈
（流星趕月）

上體右轉；右腿屈膝，身體重心移至右腿，左腳尖內扣，劍同時收至面前，劍指仍附於右腕部；眼看劍尖（圖87）。

【動作要點】

隨身體後坐右轉，左腳尖要盡量內扣，為下一動做好準備。

重心再移至左腿，右腳提起收至左小腿內側；同時右手持劍左伸；眼看左劍（圖88）。

【動作要點】

1. 重心穩定在左腿，再提右腳。
2. 右腳提收，不要做成獨立步。

上體右轉；右腳向右前方邁出，重心前移成右弓步；同時右手持劍隨轉體上舉再向右前方劈下；左劍指繞至左額上方，手心斜向上，眼看劍尖（圖89、圖90）。

【動作要點】

1. 弓步和劈劍方向是中線偏右（正西偏北）約30度。

2. 劍要劈平，劍身與臂成一條線，力在劍刃中段。

3. 劈劍和弓步要協調一致，同時完成。

（二十四）
　　虛步點劍
　（天馬行空)

　　上體右轉；左
腳收至右腳內側，
同時劍指落到右臂
內側；眼看劍尖
（圖91）。

【動作要點】
　　收腳時腳尖不點地。

　　上體左轉，左腳向起勢方
向上步，腳尖外撇；同時右臂
外旋上舉，劍尖斜向體後；左
劍指經體前落至腹前，手心向
上；眼看起勢方向（圖92）。

【動作要點】
　　舉劍時，右手略高於頭，
劍尖斜向後下方，劍刃不要觸
身。

93

上體左轉；右腳上步落在左腳前，腳尖點地，成右虛步；同時右手持劍向前下方點出，展臂提腕，力注劍尖；左劍指經左側向上繞行，在體前與右手相合，附於腕部；眼看劍尖（圖93、圖94）。

94

【動作要點】

1. 虛步和點劍的方向與起勢方向相同。

2. 點劍時要活握劍把，右臂先向下沉，再伸臂提腕，高與肩平；點劍與右腳落地要協調一致，上體保持正直。

【易犯錯誤】

點劍做成劈劍。

（二十五）

　　獨立平托

　　（挑簾勢)

　　右腳向左腳後插步
，腳前掌著地，兩腿屈
膝半蹲；同時右手外旋
持劍在體前由右向上、
向左繞環，劍把落在左
腰前，手心向裏，劍身
置於身體左側，劍尖斜
向左上方；左劍指附於
右腕隨右手環繞；眼看
劍尖（圖95、圖96）。

【動作要點】

　　繞劍與左插步
要同時進行；上體
正直，並微向左轉
和下降重心。

以兩腳掌為軸碾地，身體右轉，隨之左膝提起成右獨立步；同時右手持劍繞經體前向上托架，劍身水平，稍高於頭，左劍指附於右臂內側；眼看前方（圖97、圖98）。

【動作要點】

1. 托劍是劍下刃著力，劍由下向上托架。做本勢托劍時，右手要活把握劍，手心向外，舉於頭側上方；劍身水平，劍尖朝前。

2. 提膝與劍的托舉，須在同時完成。

3.劍的繞環、托舉是一個完整連貫的動作，不可有割裂、分解的痕跡，而要一氣呵成。

【易犯錯誤】

1. 插步和繞劍、提膝與托劍有先有後，動作不完整。

2. 托劍的劍身不水平，力點不在劍刃。

3. 托劍上架時聳肩、抬肘、縮脖。

（二十六）
弓步掛劈
（左車輪劍）

上體左轉；左腳向前橫落，兩腿交叉成半坐盤勢，右腳跟離地；同時右手持劍經體左側向後勾掛，左劍指附於右腕部；眼看劍尖（圖99）。

【動作要點】

左掛劍時，向下屈腕揮臂，使劍尖向下、向後擺動，虎口向後，劍尖領先，劍貼近身體左側向下，向後掛擺，運行路線成立圓。

100

身體右轉，右腳前進一步，重心前移成右弓步；同時，右手持劍翻腕上舉向前劈下，劍身要平，與肩同高；左劍指經左後方繞至頭左上方；眼向前看（圖100、圖101）。

【動作要點】

　　1. 弓步和劈劍的方向皆為正西。

　　2. 掛劍要格開對方進攻，腕部應先屈，使劍尖領先。

【易犯錯誤】

　　1. 掛劈做成掄劈劍動作。

　　2. 掛劍遠離身體。

（二十七）虛步掄劈
（右車輪劍）

身體右轉，右腳尖外撇，右腿屈弓，左腳跟離地成叉步；同時右手持劍經身體右側向下、向後反手掄擺，左劍指落於右肩前，手心向下；眼看劍尖（圖102、圖103、圖103附圖）。

【動作要點】

1. 轉體時，重心先後坐，右腳尖外撇，再重心前移成交叉步。

2. 向後掄劍時，右臂內旋，劍把領先，劍貼近身體向後劃弧，劍尖不要觸地。直至劍在身後反手掄直，劍尖向後。

103附圖

104

身體左轉，左腳向前上步，腳尖外撇；同時右手持劍外旋翻臂掄舉至頭側上方，左劍指落經腹前翻轉劃弧側舉；眼看前方（圖104）。

【動作要點】

掄劍上舉時，右臂不要伸直，劍把稍高於頭，劍尖指向身後(正東)斜向上方。

右腳上步，腳尖著地成右虛步；同時右手持劍向前下掄劈，劍尖與膝同高，劍與右臂成一條斜線；左劍指向上劃圓再落於右前臂內側；眼看前下方。

【動作要點】

1. 掄劈劍時，右手持劍先沿身體右側掄繞成立圓，再順勢向前劈下，力點在劍刃中部。

2. 整個動作完整連貫，不可分割、停頓。

【易犯錯誤】

1.「轉體掄劍」停頓，做成叉步後撩劍。

2. 下劈劍時，劍身與右臂不成直線，做成點劍。

106

（二十八）

撤步反擊

（大鵬展翅）

上體微右轉，右腳提起收至左小腿內側，同時右手持劍上提，左劍指附於右腕上方；眼看劍尖（圖106）。

【動作要點】

提腳時重心平穩，不要成獨立步。

107

右腳向右後方退步，腳前掌著地；右手外旋沉腕劃弧，手心轉向上。左劍指劃弧合於右腕上方；眼看劍尖（圖107）。

【動作要點】

兩手同時劃一小弧，上下相合。

重心右移，上體右轉，左腳跟外展，左腿自然蹬直成右側弓步(橫襠步)；同時，右手向右後上方反擊(平崩)，力在劍刃前端，劍尖斜向上，高與頭平；左劍指向左下方分開，高與腰平，手心向下；眼看劍尖（圖108、圖108附圖）。

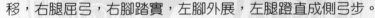

【動作要點】

1. 撤步和擊劍的方向為東北。撤步時，右腳掌先著地，隨重心右移，右腿屈弓，右腳踏實，左腳外展，左腿蹬直成側弓步。

2. 擊劍是用劍的前端向左(右)敲擊，力注劍端，向左為正擊，向右為反擊。做本勢反擊劍時，要在向右轉體的帶動下，將劍向右上方擊打，右臂、肘、腕先屈後伸，使力達劍的前端；左劍指向左下方對稱展開。

【易犯錯誤】

1. 身體重心右移成側弓步時突然加速。

2. 擊劍動作，右臂肘、腕部沒有先屈而後伸，做不出力達劍刃前端的動作。

3. 側弓步做成右弓步。

（二十九）進步平刺
（黃峰入洞)

身體左轉，重心左移，右腳尖裏扣；同時右手向左擺劍，橫於體前，劍尖向右；左手劍指舉在身體左側，手心向外；眼看劍尖（圖109）。

【動作要點】

擺劍時轉腰揮臂，劍把領先。

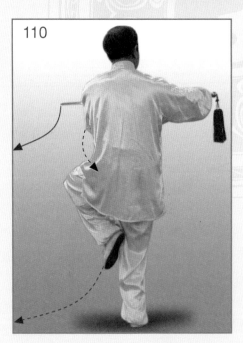

身體右轉，重心右移，左腳提起，收於小腿內側；同時右手持劍翻掌向右領帶，將劍橫置於胸前，劍尖向左；左劍指向上繞經面前落在右肩前，手心向下；眼看右前方（圖110）。

【動作要點】

以腰帶臂，以臂領劍，劍走平弧；提腳、橫劍與劍指繞轉要同時完成。

身體左轉，左腳向西落步，腳尖外撇；同時，右手持劍向下卷裏，收於腰側；左劍指亦隨之翻轉落於腹前；眼看前方（圖111）。

【動作要點】

劍卷落時，右臂外旋，手心轉向上，劍尖指向正前方(正西)。

右腳向前上步，上體左轉，重心前移成右弓步；右手持劍向前刺出，高與胸平，手心向上，左劍指向左、向上繞至頭側上方；眼看劍尖（圖112、圖113）。

【動作要點】

　　1.上步時不要「搶步」。兩腳橫向距離約10公分。

　　2.刺劍時轉腰順肩，上體正直，劍與右臂成一直線。

　　3.刺劍、弓腿和劍指動作要協調一致。

【易犯錯誤】

　　1.轉腰擺劍、橫劍不走平弧。

　　2.刺劍與弓步快慢不一致。

（三十）丁步回抽
（懷中抱月）

身體重心後移，右腳撤至左腳內側，腳尖點地成右丁步；同時右手持劍向上劃弧屈肘回抽，手心向內，置於左腹旁；劍身斜立，劍面朝向身體，劍尖斜向上。左劍指落於劍把之上；眼看劍尖(圖114)。

【動作要點】

抽劍時，右手先外旋，將劍把略向上提，隨即向後、向下收至腹旁，劍走弧線抽回。

【易犯錯誤】

1. 劍向後直線抽回。
2. 劍刃朝向身體。
3. 抱劍緊貼身體。

（三十一）旋轉平抹
（風掃梅花）

右腳向前上步，腳尖外擺，上體右轉；同時右手翻掌向下，劍身橫置胸前，左劍指附於右腕部；眼看劍尖（圖115）。

【動作要點】

1. 上體轉向正西方。
2. 劍身橫置時，右手位於胸前，劍尖略高；兩臂半屈成弧相抱。
3. 轉體、擺步和橫劍同時到位。

上體繼續右轉，左腳向右腳前扣步，兩腳尖相對成八字形；同時右手持劍隨轉體由左向右平抹；劍指仍附於右腕部；眼看劍身（圖116）。

【動作要點】

1. 身體轉至背向起勢方向。

2. 抹劍是以手領劍，使劍身橫平由一側向另一側平擺，力點沿劍刃滑動。做本勢旋轉抹劍時，劍身橫置於胸前，用身體右轉帶劍向右平抹。

以左腳掌為軸向右後轉身，右腳隨轉體後撤一步；兩手姿勢不變，眼看左劍（圖117）。

【動作要點】

身體轉至接近起勢方向；右手劍隨轉體旋轉平抹。

重心後移，身體轉向正南；左腳稍內收，腳尖點地成左虛步；右手持劍繼續平抹，在變虛步時，兩手左右分開，置於身體兩側，手心都向下，劍身斜置於身體右側，劍尖位於體前，身體朝向起勢方向；眼看前方。

118

【動作要點】

1. 本勢身體向右旋轉近一周，轉身及抹劍要平穩連貫、速度均勻；上體保持正直。

2. 擺步和扣步的腳均應落在中線附近，步幅不超過肩寬。

3. 撤步要借身體向右旋轉之勢，以左腳掌為軸，使身體轉向南方起勢方向。

4. 本勢擺步時右腳跟先著地，扣步時左腳掌先著地，撤步也是右腳掌先著地。

【易犯錯誤】

1. 轉身動作不平穩，不連貫，身體上下起伏，低頭彎腰。

2. 扣步時掃腿外擺遠離身體，落步超過中線過大，致使收勢回不到原位。

（三十二）弓步直刺
（指南針）

上體微向右轉，左腳提起，再向前落步，腳跟著地；同時兩手收至腰間，手心向內；眼看前方（圖119、圖120）。

【動作要點】
左腳提起收至右腳內側後再向前邁出。

重心前移，上體左轉，左
腿屈弓成左弓步；右手立劍向
前刺出，高與胸平，劍指附於
右腕部；眼看前方（圖121）。

【動作要點】

　　弓步與刺劍方向皆為正南。

【易犯錯誤】

　　1. 弓步和刺劍不能協調一致，常出現先弓步，後刺劍。

　　2. 劍不是從腰間刺出，而是聳肩自肋間向前刺出。

收 勢

重心後移，上體右轉，同時右手持劍屈臂後引至右側，手心向內；左劍指隨右手屈臂回收，並變掌附於劍柄，準備接劍，眼看劍柄（圖122）。

【動作要點】

接劍時，左掌心向外，拇指向下，與右手相對；兩肘和兩肩要鬆沉。

【易犯錯誤】

接劍時聳肩抬肘。

身體左轉，重心前移，右腳向前跟步，與左腳平行成開立步；同時左手接劍，經體前垂落於身體左側；右手變成劍指向下、向後劃弧上舉，再向前、向下落於身體右側；眼看前方（圖123、圖124）。

【動作要點】

換握劍時，左手持劍劃弧下落與重心前移要協調一致；右劍指劃弧下落與右腳向前跟步要協調一致。

124

左腳向右腳併攏，還原成預備勢姿勢（圖125）。

【動作要點】

1. 同「預備勢」。

2. 待稍平靜後再放鬆走動。

125

32式太極劍動作路線

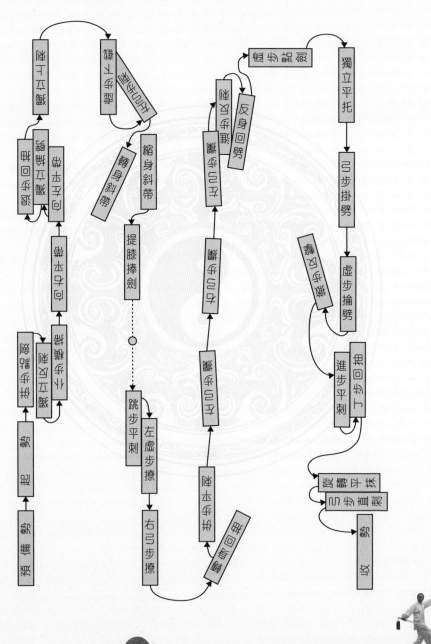

起勢(三環套月)

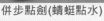

併步點劍(蜻蜓點水)

獨立反刺(大魁星勢)

仆步横扫(燕子抄水)

向右平带(右攔扫)

向左平带(左攔扫)

獨立掄劈(探海勢)

退步回抽(懷中抱月)

獨立上刺(宿鳥投林)

虛步下截(烏龍擺尾)　　　　　左弓步刺(青龍出水)

轉身斜帶(風卷荷葉)

縮身斜帶(獅子搖頭)

提膝捧劍(虎抱頭)

跳步平刺(野馬跳澗)

左虛步撩(小魁星勢)

32式太極劍分解動作 —83—

轉身回抽(射雁勢)

併步平刺(白猿獻果)

左弓步攔(迎風撣塵)

右弓步攔(迎風撣塵)

左弓步攔(迎風撣塵)

進步反刺(順水推舟)

反身回劈(流星趕月)

虛步點劍(天馬行空)

獨立平托(挑簾勢)

弓步掛劈(左車輪劍)

虛步掄劈(右車輪劍)

撤步反擊(大鵬展翅)

進步平刺(黃蜂入洞)

丁步回抽(懷中抱月)　　旋轉平抹(風掃梅花)

弓步直刺(指南針)

收勢

大展好書　好書大展
品嘗好書　冠群可期